4ª edição
Do 21º ao 22º milheiro
1.000 exemplares
Julho/2023

Capa e projeto gráfico
Juliana Mollinari

Diagramação
Juliana Mollinari

Assistente editorial
Ana Maria Rael Gambarini

Coordenação Editorial
Ronaldo A. Sperdutti

Impressão
Gráfica Bartira

Todos os direitos reservados.
Nenhuma parte desta obra pode ser reproduzida ou transmitida por qualquer forma e/ou quaisquer meios (eletrônico ou mecânico, incluindo fotocópia e gravação) ou arquivada em qualquer sistema ou banco de dados sem permissão escrita da Editora.

O produto da venda desta obra é destinado à manutenção das atividades assistenciais da Sociedade Espírita Boa Nova, de Catanduva, SP; Centro Espírita Paz, Curitiba, PR e Lar Fabiano de Cristo – Casa de Joana D'Arc, Curitiba, PR.

1ª edição: Março 2014 - 10.000 exemplares

© 2014-2023 by Boa Nova Editora
Instituto Beneficente Boa Nova
Entidade coligada à Sociedade Espírita Boa Nova
Av. Porto Ferreira, 1.031 | Parque Iracema
Catanduva/SP | CEP 15809-020

17 3531.4444 | www.boanova.net | boanova@boanova.net

CRESCENDO COM SABEDORIA
para jovens leitores

Anabela Sabino

Dados Internacionais de Catalogação na Publicação (CIP)
(Câmara Brasileira do Livro, SP, Brasil)

```
Sabino, Anabela
   Crescendo com a sabedoria para jovens leitores /
Anabela Sabino. -- Catanduva, SP : Boa Nova
Editora, 2014.

   ISBN 978-85-8353-003-9

   1. Autoajuda - Mensagens 2. Autoconhecimento
3. Autoconsciência 4. Autorrealização 5. Reflexões
I. Título.
```

14-01836   CDD-158.12

Índices para catálogo sistemático:

1. Autoajuda : Mensagens : Psicologia aplicada
   158.12
2. Autoajuda : Reflexões : Psicologia aplicada
   158.12

"Ensina à criança o caminho [em que] deve andar e, ainda, quando [for] velho não se desviará dele"

Provérbios (22:6)

APRESENTAÇÃO

Esta obra foi inspirada no livro "Minutos de Sabedoria", de Carlos Torres Pastorino[1], para ser conselheira das crianças e jovens.

Para a alma em conflito representa raio de luz e auxílio para o desenvolvimento do homem de bem de amanhã.

São ensinamentos simples, fundamentados nos valores cristãos.

---

[1] Carlos Torres Pastorino foi um dos fundadores do "Lar Fabiano de Cristo", junto com Divaldo Franco e Jaime Rolenberg de Lima.

Dedico esta obra às centenas de crianças e jovens que passaram pela Casa de Joana D`Arc, unidade do Lar Fabiano de Cristo[1].

O acompanhamento da sua vida familiar, por mais de dez anos, ofereceu-me material para os assuntos abordados.

Minha gratidão, pois aprendi muito mais do que pretendi um dia oferecer.

---

[1] Missão do LFC: Desenvolver a proteção social e a educação transformadora, contribuindo para um mundo melhor.

Minutos de Sabedoria

Onde quer encontre uma criança, derrama sobre ela todo o seu carinho, estenda-lhe a mão para ajudá-la a crescer.

Em cada criança, existe um dia novo que surge para a felicidade do mundo.

Em casa, na escola, num jardim, num hospital, jamais olhe com indiferença para uma criança: facilite ao máximo a estrada que ela vai percorrer e semeie de flores o caminho que ela palmilhar.

Carlos Torres Pastorino

1

Se você está se sentindo sozinho, esperando que amigos o procurem, realize o inverso.

Olhe ao seu redor e verá que não é o único à espera de amigos.

Vá você até eles.

Os amigos estão à sua volta

Basta procurá-los.

2

Somos diferentes uns dos outros, fisicamente, na maneira de vestir, usar o cabelo, jeito de pensar, nos hábitos e costumes.

Ser diferente não significa que um é melhor do que o outro, ou que um está certo e o outro errado.

Cada um é o que é, e todos têm seu valor.

Curta as diferenças!

3

Você nunca está sozinho.

Deus escolheu um "anjo" para protegê-lo e aconselhá-lo.

Faça silêncio desejando ouvi-lo.

Abra seu coração e será inspirado com ideias felizes.

4

Você está decepcionado com seu pai ou sua mãe! Saiba que eles também se enganam.

Os pais não sabem tudo.

Eles também estão aprendendo.

Erram querendo acertar, assim como você.

Seus pais têm mais bagagem de vida.

Aprende com eles.

5

Desperte a atenção para apreciar a natureza.

Da janela do carro, do ônibus ou a pé em direção ao colégio, perceba que há árvores e flores pelo caminho.

Ligue-se ao sol, à lua, à chuva, ao céu estrelado, rios, cachoeiras, mar, plantas, animais e sentir-se-á mais feliz.

6

Você acha as pessoas muito diferentes umas das outras?

Olhe com mais atenção e perceberá que há mais semelhanças entre elas que diferenças.

Por exemplo:

Todos buscamos a felicidade. Somos filhos queridos do mesmo Pai, que é Deus.

Focar a atenção para o que temos em comum, nos aproxima uns dos outros e contribui para a paz mundial.

7

Coração alegre é bom remédio.

Cultive sentimentos de esperança e otimismo.

Mente e corpo estão intimamente relacionados.

Assim sua saúde ficará cada vez melhor.

8

Para aliviar o ressentimento e perdoar , não é preciso esperar que a pessoa se arrependa do que fez.

Também não precisa esquecer o que aconteceu, ou concordar com a outra pessoa.

É necessário o desejo sincero de aceitá-la como é.

Assim, o sentimento ruim vai embora e "as pazes" entre vocês estará a caminho.

9

Quando colegas debocharem do seu nome ou lhe derem apelidos, não se incomode.

Lembre-se, imediatamente, das pessoas que o tratam com respeito e carinho.

Assim, vai se sentir bem melhor.

Faça parte dos grupos que tratam bem as pessoas.

10

A ansiedade torna tudo mais difícil.

Aquele dia tão desejado parece demorar uma eternidade.

A situação nova a ser enfrentada aumenta de tamanho.

A ansiedade deforma nossa maneira de ver os fatos.

Pare. Respire fundo algumas vezes. Assim, poderá ver as coisas como realmente são.

Relaxe!

11

A Terra é escola para aprendermos a viver como irmãos.

Faça sua lição de casa!

Aja como irmão.

E o dia em que todos viverão fraternalmente chegará mais cedo.

12

Sua felicidade depende mais do bem que você faz aos outros do que do bem que recebe.

A alegria de receber passa rápido.

A satisfação de fazer algo bom fica dentro da gente.

Isto se chama felicidade.

13

Você escolhe como quer ver as coisas.

Ficar chateado porque o sorvete está no final, ou satisfeito porque teve sorte de saborear delicioso picolé.

Avalie sempre da melhor forma.

Enxergar o lado bom ou ruim, é escolha de cada um.

14

Tenha como hábito a prece.

Ela acontece sem percebermos quando admiramos a natureza, por exemplo:

Voluntariamente quando pedimos ou agradecemos a Deus.

Exerça seu dever de ser grato e seu direito de pedir.

A ligação com Deus sempre resulta em bem-estar.

15

Valorize a convivência com seus avós.

Eles viveram mais que você e seus pais, e adquiriram sabedorias.

Ouça os conselhos e as histórias que têm para contar.

Você aprenderá muito...

16

Você conhece este ditado: "Água mole em pedra dura, tanto bate até que fura"?

Ensina o valor da persistência.

Sinta o gostinho da vitória diante de cada passo dado.

A cada tentativa aprenda algo novo.

17

Antes de fazer um comentário, pense se este poderá prejudicar alguém.

Se prejudicar, seu comentário vira "fofoca".

Na dúvida, silencie.

Entre o silêncio e a fofoca, é melhor ficar calado.

18

Aproveita a infância para brincar.

Divirta-se bastante, sem deixar de cumprir suas obrigações da escola e de casa.

Tem tempo para se divertir e para cumprir seus deveres, os dois são importantes.

19

Se você quer suas vontades satisfeitas na hora e do seu jeito, verá que, quase sempre, é impossível.

Os outros, assim como você, também têm vontades e necessidades.

Vivemos em comunidade.

Compreenda as outras pessoas colocando-se no lugar delas.

Assim, será melhor para todos.

20

O planeta Terra está pedindo socorro.

Durante muitos séculos, o homem abusou de suas riquezas naturais.

Todos os dias surgem ideias novas de como podemos ajudar na recuperação do planeta.

Os grandes e pequenos gestos diários farão muita diferença no futuro.

Você também pode colaborar.

Faça parte das soluções!

21

Não tome decisão importante quando estiver com raiva, magoado ou triste.

Ao deitar-se, antes de dormir, peça ao seu anjo guardião que o aconselhe em seus sonhos.

De manhã, bem descansado e inspirado, saberá o melhor a fazer.

22

Nunca faça aos outros o que não gostaria que os outros fizessem a você.

Esse ensinamento é de Jesus.

Dessa forma, saberemos se estamos agindo bem ou mal com as pessoas.

Agir corretamente traz paz ao coração.

23

Espalhe, todos os dias, a bondade que há em você.

Todo bem que desejar ou fizer aos outros, voltará a você.

Quem sorri, acaba recebendo mais sorrisos.

Quem trata bem os outros, recebe gentilezas.

O bem é contagiante, espalhe esta ideia.

24

Deus presta socorro através das pessoas.

Você pode ser a pessoa mais próxima de alguém que está precisando de ajuda.

Tenha sempre uma palavra amiga e boa atitude.

Colabore com Deus sendo o "próximo" de alguém.

25

Somos seres espirituais.

O corpo morre, o espírito permanece.

Temos a eternidade para aprender ser feliz.

A vontade em ser bom faz que alcancemos nosso melhor mais depressa.

Jesus veio à Terra com a missão de nos ensinar a amar.

Aprenda essa lição!

Ame!

26

Quando os pais decidem pela separação é difícil para a família.

Todos sofrem e precisam se adaptar às mudanças da nova situação.

Mas, uma coisa não muda, pai e mãe continuam sendo pai e mãe, morando juntos ou não.

O amor que une os pais a seus filhos, os filhos a seus pais e entre os irmãos, continua o mesmo.

Não deixe que nada interfira neste amor!

27

Seu quarto está organizado?

Quem guarda seus cadernos, jogos, roupas etc?

Há, ainda, outras coisas que você é capaz de fazer.

Descubra que coisas são estas.

Ajude seus pais na manutenção da limpeza e ordem de sua casa.

Tarefas compartilhadas aproximam os membros da família e desenvolvem a cooperação.

28

Você está com problema? Está sofrendo?

Sempre após a noite, nasce novo dia.

Após a tempestade, vem a calmaria.

É Deus, através da natureza dizendo-nos:

– A dor vai passar.

– Tenha paciência...

Com fé e esperança tudo fica mais leve.

29

Avanços tecnológicos trazem mudança nos costumes e cultura.

O marco das últimas décadas foi o fácil acesso à internet.

Sua geração está associada à intensa conexão com a mídia e redes sociais.

Não deixe que as relações virtuais substitua o contato pessoal.

Estar junto das pessoas que queremos bem é essencial para manter o equilíbrio emocional.

30

Não é possível ter tudo do jeito e na hora que a gente quer.

Saber esperar é: viver bem com o que se tem, até ser possível a realização do que queremos.

Divirta-se enquanto espera.

31

Você não concorda com seus pais.

Sente-se cheio de razão e injustiçado.

Pense na moeda com seus dois lados: só se vê um lado de cada vez.

Olhe o lado que não viu, ou seja, como seus pais estão vendo.

Desta forma será mais fácil entender o ponto de vista deles e ponderar sua opinião.

32

Seja educado e respeite "os mais velhos".

Sejam eles empregados da sua casa, amigos de seus pais ou pessoas que você cruza nas ruas, e nem conhece.

Todos, indistintamente, devem ser bem tratados.

33

É bom sonhar acordado e planejar coisas boas acontecendo.

Tudo o que foi inventado, um dia, foi uma ideia no pensamento de alguém.

Nada é impossível para uma mente criativa de vontade forte.

O mundo pode ficar melhor para viver com suas ideias.

Amém.

34

Nossa essência é espiritual.

Somos espíritos revestidos de corpo físico.

Quando a vida deixa o corpo, esse morre.

A vida continua no espírito, com as lembranças, ideias, pensamentos e sentimentos.

Viva bem!

Acumule bela bagagem de realizações, pois não se perdem.

Estarão sempre presentes no espírito imortal.

35

Não ande de cabeça baixa.

Caminhar olhando para o chão limita a visão do mundo.

Olhando-se para frente e para cima, amplia-se os horizontes.

Observe a vida por este novo ângulo, e novas perspectivas se abrirão diante dos seus olhos.

36

Futuro feliz é a gente que cria.

O presente é o momento mais importante da vida, porque o futuro depende de cada um desses momentos.

Viva bem o dia de hoje e o dia de amanhã certamente lhe reservará boas surpresas.

37

Antes de criticar um amigo, procure observar suas qualidades.

Verá que ele possui mais qualidades que defeitos.

Tratar o outro da mesma maneira que gostaríamos de ser tratados, é a atitude mais acertada

38

É essencial compartilhar momentos de paz espiritual em torno da palavra de Jesus no ambiente familiar.

Se na sua casa não há esse costume, dê essa ideia aos seus pais.

O ambiente familiar melhora quando a família se une em oração.

39

Mudar de escola, de casa ou de cidade provoca medos.

Medo do desconhecido é perfeitamente normal.

Medo de não gostar do lugar, perder os amigos, e não fazer novas amizades.

São mudanças necessárias, que não pode evitar.

As mudanças permitem a entrada do novo na vida das pessoas.

O novo pode ser muito bom.

Aceite os desafios com otimismo.

40

Crianças são fonte de simplicidade e sabedoria.

Marcelo tinha três anos quando o pai lhe sugeriu que largasse a chupeta.

Espontaneamente respondeu com a afirmativa:

– Larga o cigarro, também, papai!

Colabore para um mundo melhor, exercitando seu olhar sobre as coisas, respeitosamente.

41

O momento presente é o mais importante da sua vida.

Exatamente quando sente a sua respiração.

Agora!

Viva com alegria, criatividade e esperança, e estará criando um futuro feliz.

42

Não prejudicar as pessoas ou faltar com respeito é tudo de bom.

Agredir é pior que ser agredido.

Se você é vítima de alguma maldade, procure pela solução, sem recorrer à agressão física ou verbal.

Se for preciso saia da situação ou chame por ajuda.

Um erro não justifica outro.

Sempre haverá solução pacífica.

Você é capaz de encontrá-la.

43

Não justifique seus erros, colocando a responsabilidade em outras pessoas.

– Tirei nota baixa porque o professor...

– Briguei, porque ele...

– Foi ele que começou...

Não espere o outro mudar.

Corrija você, sua atitude.

Faça você, diferente!

44

Perceber e aceitar o próprio erro é o primeiro passo para não repeti-lo.

– Não deu tempo porque eu...

– Cheguei atrasado porque eu...

– Não fiz a lição porque eu...

– Briguei porque eu...

Assim, você poderá corrigir o que não teve bom resultado.

45

Não seja impulsivo, principalmente quando for contrariado.

Percebeu que sempre arruma confusão quando reage sem pensar?

Pare! Respire!

Conte até dez, bem devagarzinho... respirando profundamente, entre um número e outro.

Calmo, você consegue pensar e agir melhor que quando nervoso.

46

Sabe com que idade a criança pode começar a ajudar nas tarefas da casa?

Acredite, mais cedo do que você imagina.

Com dois anos, ela consegue pegar objetos e isto permite uma série de atividades.

Pode ajudar a juntar os brinquedos espalhados e colocá-los dentro de uma caixa, ajudar a aguar as plantas com um pequeno regador.

Se você tem mais de dois anos, quantas coisas já é capaz de fazer?

47

É normal ficar triste, por um tempo, quando morre alguém querido.

Essa tristeza aos poucos dilui... transformando-se em lembranças. Busque pelos bons momentos que tiveram juntos.

Sinta gratidão por tê-la conhecido.

Para sentir-se melhor, procura a companhia de quem você gosta.

Pense na pessoa querida que morreu, como alguém que está vivendo no mundo espiritual.

48

Se você ganhou coisas novas em seu aniversário, reserve outras para presentear aqueles de menos oportunidade.

Cuide bem dos seus brinquedos, roupas e livros para que estejam em boas condições, assim quem os receber ficará mais feliz!

Seja generoso!

49

Não se atormente com o que passou, mesmo se fez algo que não foi "legal".

Reconheça o erro e se apresse em corrigir.

Se aprendeu algo bom com esta experiência, não foi de todo ruim.

E, "bola pra frente."

50

Quando temos muitas "horas vazias", nossa mente parece com um terreno baldio, que acumula montes de coisas inúteis.

Se tem ficado muito tempo em jogos no computador, assistindo seriados ou redes sociais, isto pode estar acontecendo com você.

Com atividades físicas, artísticas e leituras a mente fica fértil e produtiva.

Pense nisso...

51

Nunca coloque sua vida em risco.

Atravessar a rua, sem olhar para os lados, pode ser perigoso.

Nadar no mar, na piscina ou no rio, além do limite estipulado por seus pais; sair de casa sem avisar aonde vai; podem colocar sua vida em risco.

Deus lhe deu a vida para cuidar bem dela.

52

Tenha sempre uma palavra de otimismo para seus amigos.

Já existe muita gente que gosta de deixar os outros "pra" baixo.

Seja aquele que encoraja e apoia.

As palavras de otimismo, antes mesmo de incentivar o outro, estarão ressonando dentro de você.

53

Você convive com dependentes do tabaco, alcoólicos e outras drogas?

A dependência química aprisiona.

Perceba os prejuízos causados por essa doença infeliz, e não caia nesta armadilha.

Faça diferente!

Seja livre!

54

Não deixe de fazer as coisas por causa da preguiça.

Levante.

Decida, e

Faça.

Com atitude você consegue.

55

Trate bem os animais.

Cuide com zelo dos seus bichinhos de estimação.

Você é um "anjo" na vida deles.

Eles precisam da sua atenção.

56

O valor de um amigo não está na cor da sua pele, no dinheiro que ele possui, na aparência e coisas deste tipo.

Avaliamos o amigo pela qualidade de sua amizade.

Valorize as atitudes de seus amigos que demonstrem bem-querer.

57

Infelizmente tem gente que acha bonito brigar, roubar, quebrar bens públicos, xingar, maltratar animais e outras maldades.

Não tema fazer o que é certo, por receber críticas.

Faça sempre o que for do bem, saudável e lhe faça feliz, sem prejudicar outras pessoas.

58

A natureza está constantemente nos dando lições.

Aprenda, por exemplo, com as abelhas.

Elas buscam as flores mesmo no meio da lama.

Assim como as abelhas, procure ver o que há de bom, belo, positivo, criativo onde estiver.

Mantenha em alta seu sentimento de gratidão pela vida.

59

Respeite seus professores.

Nada justifica o desrespeito.

Na sala de aula o professor é autoridade máxima.

Sem gestos ou palavras agressivas, você será melhor compreendido.

60

Você já ouviu falar sobre as palavrinhas mágicas?

– Bom dia!

– Boa noite!

– Tudo bem?

– Posso ajudar?

– Com licença.

– Desculpe.

– Por favor.

– Obrigado.

Com elas a convivência em família fica bem melhor.Comece hoje mesmo!

61

A natureza é obra de arte, com múltiplas cores, sons, perfumes, texturas, movimentos, grandeza infinita, mistério, poesia e transformações.

Você é parte viva dessa bela criação.

O "homem" é obra-prima desta produção artística .

Você é único, autêntico. Os retoques finais é você quem dá.

62

Criticar seu irmão melhorou o comportamento dele?

Confrontar seus pais os fizeram compreendê-lo?

Gazear aula, chegar tarde a noite em casa, preencheu o vazio que você sente?

Você sabe o que quer alcançar agindo assim?

Não insista naquilo que o prejudica, busque novas estratégias para conseguir o que deseja.

Este livro apresenta reflexões e dicas para quem busca melhor resultado.

63

Cuidado para não deixar que a mágoa, o ciúme, a inveja, a revolta e a mentira se instalem em você, nem os negue, fingindo que eles não existem.

Entender por que se sente, ou age assim, ajudará superá-los.

Momentos de silêncio reflexivo trazem lucidez e autoconhecimento.

Desfaz o sombrio, permitindo a luz entrar.

64

Você tem entre seis a oito anos de idade?

Então, já possui habilidade para fazer muitas coisas na rotina da casa.

Entre elas temos: arrumar a sua cama, guardar a roupa limpa no armário, arrumar e tirar a mesa das refeições, tirar o pó dos móveis, alimentar os animais.

Você pode fazer tudo isso e ainda sobra tempo para estudar, brincar e descansar.

65

Se você está doente, não se queixe.

Suporte com paciência todas etapas do tratamento.

Sempre há lição a ser aprendida no sofrimento.

Este aprendizado fará a sua dor parecer menor.

66

Tem música que relaxa, outras são boas para dançar, diverte, inspira.

Ouça as músicas e bandas que fazem sucesso no momento, se elas lhe agradam.

Aprecie também as melodias que se eternizaram por sua beleza, poesia e harmonia.

67

Deus é nosso pai.

A humanidade é uma grande família.

Viver na Terra como irmãos é nossa missão.

Não é simples?

68

Você fica chateado quando não consegue fazer algumas coisas.

Ninguém sabe tudo, nem os adultos.

Até que se aprenda, é natural errar.

Só não vale desistir!

Continue tentando...

69

A alegria é um grande bem.

A alegria que espalhar contagiará todas as pessoas por onde passar e voltará a você.

Onde estiver cultive o bom humor!

70

Crianças, jovens, adultos e idosos têm coisas boas para dar e receber.

Dê sorrisos.

Dê palavras amigas.

Faça gentilezas.

Dê sua atenção e tempo.

Ofereça ajuda.

Acredite, a vida enche de significado para aquele que oferta algo de si.

71

Colabore com a organização e a manutenção da limpeza de sua casa.

Há tarefas domésticas que você e sua família podem fazer, com ou sem funcionários para o serviço caseiro.

Limpar e organizar a própria desordem desenvolve o autocuidado.

72

Seu futuro lhe reserva muitas coisas boas.

Coisas boas para dar e coisas boas para receber.

Pense primeiro em dar e logo receberá.

73

Você sabia que dos doze aos quatorze anos de idade o adolescente é capaz de ajudar em qualquer atividade doméstica, inclusive cuidar dos irmãos menores?

Está no código civil que os pais devem exigir de seus filhos respeito, obediência e serviços próprios para a sua idade.

Se a casa é de todos e para todos é justo que todos colaborem para o ambiente agradável.

74

Se você gosta de ler, parabéns!

Se não gosta, saiba que o livro é boa e divertida companhia.

Escolha um assunto de seu interesse e leia todo dia um pouquinho.

Comece o quanto antes.

Logo terá gosto pela leitura.

75

Sabe quanto tempo gasta procurando coisas que não sabe onde guardou?

Procurando o caderno na hora de ir para a aula, o livro para devolver na biblioteca, a roupa que quer usar e outras coisas?

Seja mais disciplinado e ficará menos estressado, sobrando tempo para outras coisas.

Depois que criar o hábito, será moleza...

76

De uma hora para outra o seu humor muda?

Por pouca coisa você fica chateado, entristece, pensa em desistir e se isola de todos?

Não permita que pensamentos sombrios o impeçam de ver caminhos melhores.

Fale de seus sentimentos com alguém da sua confiança.

Continue fazendo suas atividades diárias.

Não deixe a "peteca cair".

77

Nunca deseje a morte.
Nenhum sofrimento justifica antecipá-la.
A morte é uma ilusão.
Levamos para o outro lado da vida nossas questões pessoais.
O melhor a fazer é resolver da melhor maneira, o que há para ser resolvido.
Hoje tudo parece dar errado, amanhã as coisas podem mudar.
Acredite, tudo passa. Estes dias de sombra, também passarão.
Enquanto isso, aguente firme, dando o seu melhor!
Deixe para Deus a decisão do momento certo.

78

Sabe a diferença entre amar e gostar?

Gostar é admirar algo ou alguém.

Amar é um sentimento maior, que faz com que se lute pelo bem de alguém ou de uma causa.

Ame a vida, as pessoas, a natureza, a justiça!

O amor faz o mundo ficar melhor.

79

Respeito é característica marcante das pessoas bem educadas.

A gentileza vai além do respeito, é marca do espírito nobre.

Comecemos quanto antes, respeitar com doçura.

80

Jamais levante a voz para seus pais.

Por mais irritado que esteja, você lhes deve respeito por toda vida, pelo fato deles serem seus pais.

Se você deseja ser ouvido, fale, questione, argumente, mas sempre controle o tom de sua voz.

Seja sempre respeitoso.

81

Você acha que merece privilégios?
Quer ter vantagens sobre as outras pessoas?
Este sentimento nos impulsiona a ter atitudes de desconsideração com os outros.
Por exemplo: Cortar a fila da cantina no colégio, não suportar o fato de seu amigo ter outros amigos, escolher sempre a melhor carteira para sentar no colégio, ficar com a maior parte do doce que deveria ser repartido ao meio, dar a palavra final sobre a escolha da brincadeira, etc.
Lembre-se que todos têm direitos iguais.
Desenvolva seu senso de justiça e sua empatia.

82

Mantenha sua mente livre dos pensamentos negativos e pessimistas.

Sentimentos frequentes de insegurança, medo, tristeza, frustração e solidão podem eliciar pensamentos que tudo vai dar errado.

Descubra maneiras saudáveis para se sentir melhor.

Cultive boas ideias a respeito de si mesmo e ao seu redor.

83

Você, às vezes, perde o controle, grita, chuta, xinga outra pessoa.

Não permita que isso aconteça! Controle-se.

A agressão física e verbal é para aqueles que não têm argumentos.

Quem perde o controle, perde também a razão.

Você é capaz de encontrar saídas inteligentes para resolver os conflitos.

84

Você devolve o troco recebido a mais na cantina da escola, do cobrador de ônibus e outros?

Devolveria a carteira encontrada, cheia de dinheiro, com os documentos para identificar o dono?

Você mostra aos pais a prova com nota baixa?

Somos testados todos os dias na capacidade em ser honesto.

Se não conseguiu ontem, faça hoje!

85

Sentir medo é normal.

Todos têm medo de alguma coisa, idosos, adultos, jovens e crianças.

O medo faz imaginarmos coisas ruins acontecendo.

Se você tem medo do escuro, ao deitar-se pense em coisas alegres e logo estará dormindo tranquilamente.

O medo faz que pareça pior do que é na realidade.

Confie, viva bem.

Perceber o que o outro está sentindo, não é fácil.

Você já presenciou um colega sofrer bullyng?

Parou para pensar no sofrimento dele?

Você gostaria que alguém lhe desse apoio se estivesse em uma situação parecida?

Então, ajude o colega em dificuldade.

Pode ter certeza que se sentirá bem melhor ajudando-o.

87

Você pode fazer qualquer coisa que desejar.

Mas, nem tudo que desejamos deve ser feito, porque vivemos em sociedade.

Para saber o que deve ou não fazer pergunte-se:

É bom para mim?

É bom para os outros?

Faça somente o que for bom, útil, saudável, divertido e não prejudique ninguém!

88

O planeta Terra precisa de você para se recuperar.

Preserve o verde.

Plante mais.

Respeite o direito dos animais viverem livremente.

Descarte o lixo corretamente.

Utilize a água e a energia elétrica sem desperdício.

Evite o uso de descartáveis.

Busque informação sobre outras maneiras de zelar pela saúde da Terra.

89

Se seu amigo está triste, ajude-o com palavras de otimismo.

Dizendo-lhe por exemplo:

– As coisas vão melhorar...

– Tenha paciência, isto vai passar...

– Tudo vai dar certo...

– Tire estas ideias ruins da sua cabeça...

– Pense nas pessoas que gostam de você...

Ou, simplesmente, fazendo-lhe companhia por um tempo, e depois, chamando-o para brincar!

90

Não deixe a mágoa crescer dentro de você.

Pensamentos infelizes contaminam a sua mente, como lixo esquecido, que apodrece e cheira mal.

Quanto mais tempo esse sentimento ruim ficar com você, pior será.

Não deseje mal a quem o magoou. Pelo contrário, imagine coisas boas para essa pessoa.

Bons sentimentos são como flores, que trazem perfume e alegria.

91

Está com saudade daquele amigo querido que morreu?

Converse sobre ele com pessoas que gostam dele, assim como você.

Mantenha vivas as boas lembranças, os bons momentos que tiveram juntos.

Assim se sentirá melhor, diminuindo a dor que sua ausência provoca.

92

Gratidão é sentimento nobre.

Comece o dia agradecendo.

Termine o dia agradecendo.

A gratidão atrai bons sentimentos, que nos fortalecem e nos dão vontade de viver.

93

Evite assistir filmes de violência e terror, principalmente antes de dormir.

Para sono tranquilo, é melhor ir dormir ligado a ideias felizes.

Assista apenas filmes indicados para sua faixa de idade.

A criança não tem maturidade emocional para assuntos de adultos.

Pular etapas do desenvolvimento, só lhe trará prejuízo.

94

Sorrir é "dar de cara", o que temos de melhor!

Num sorriso podemos iniciar uma amizade, aliviar a tristeza de alguém, ou simplesmente ficarmos mais felizes.

Não é preciso motivo especial para sorrir.

Há graça espalhada em todo lugar. Deixe-se contagiar.

Sorria!

95

Sua presença nas reuniões familiares é muito importante, participe!

Aproveite os momentos festivos em família para sentir o calor do querer bem.

A família sem você, não está completa.

96

Evite pessoas de comportamento mal intencionado.

Afaste-se dos ambientes onde se pratica ilegalidades.

Cuidado com amizades ligadas ao consumo ou tráfico de drogas.

Ouça sua consciência, avalie de maneira inteligente onde vai chegar com este envolvimento.

Pode ser muito perigoso e difícil afastar-se depois de algum tempo.

Caia fora agora!

97

Todo mundo comete enganos, faz parte do processo de aprender.

A tomada de consciência do equívoco é essencial, para não repetir o mal feito.

O sentimento de culpa tem impacto negativo, pois anula a ação reparadora.

Seja proativo, faça algo a respeito.

Que tal começar pedindo desculpas?

98

Pare de se lamentar por estar doente.

Siga as recomendações médicas e deixe o queixume de lado.

Quanto mais tem pena de si mesmo, mais doente fica.

Os pensamentos são carregados de energias construtivas e destrutivas, conforme a direção que lhes dá.

Pense em você saudável, brincando e correndo, e já estará contribuindo para sua melhora.

99

A pior escolha é desistir.

Quem faz algo pela metade, nunca saberá do que seria capaz.

Em qualquer atividade, seja a lição do colégio, arrumando sua cama, ou algo novo, faça com atenção.

É muito bom ver concluído algo que começamos!

100

Dizem que pessoas idosas são mais sábias.

A sabedoria é aprendida e está ligada às escolhas feitas.

Procure desde já, fazer as melhores escolhas.

Trazemos dentro de nós, o "eu sombra" e o "eu luz".

Quando o "eu sombra" se manifesta, somos egoístas e pensamos em nós.

Quando o "eu luz" se manifesta somos mais generosos.

Se quer crescer com sabedoria, descubra a luz que há em você e deixe-a brilhar!

101

No transporte coletivo, respeite os assentos reservados às gestantes e idosos.

Se for preciso, ceda seu lugar.

Hoje você faz seu dever ou gentilezas, daqui a algumas décadas precisará recebê-la.

A evolução é uma constante de causa e efeito.

102

Todos nós temos beleza interna e externa.

Descubra e valorize as duas.

Ame-se, isto fará você cuidar melhor de si.

É mais fácil o outro nos amar quando nos amamos e vice-versa.

Seja gentil consigo!

103

Ser é mais do que ter.

O valor de uma pessoa está naquilo que ela faz e não naquilo que ela tem.

Acumule bens espirituais, mais do que coisas que o dinheiro pode comprar.

Valorize a amizade, gentileza, honestidade, respeito, estudo, alegria verdade, trabalho, paciência, afetividade, paz, amor...

A bagagem que levamos para a eternidade, é o que desenvolvemos em nós.

104

Tudo que existe hoje, um dia, foi apenas uma ideia na mente de alguém.

Nosso pensamento é criador.

Onde há inteligência e vontade, há transformação.

Inteligência e coração generoso, juntos, sempre acabam em progresso.

Aproveite as bênçãos da inteligência e contribua para melhorar o mundo.

105

Você costuma pensar que acontecerá o pior?

Que ficará nervoso na apresentação da escola?

Que fará mal a prova?

Que vai perder o gol, naquela partida importante?

Não sofra por antecipação.

Por que imaginar o pior sobre algo que ainda não aconteceu?

Se pode escolher o que pensar, por que escolhe pensar o pior?

Faça a sua parte da melhor forma e espere por bons resultados.

Se não sair como queria, pense que haverá novas oportunidades.

106

Deixar o medo dominá-lo não traz benefícios.

O medo deforma a realidade e faz a gente ver as coisas piores do que são.

A atenção sim, nos deixa alerta para cuidados importantes.

Enfrente seus medos!

107

Quando você pede por ajuda em oração, Deus atende o seu pedido através de alguém, que está pertinho de você.

Outras vezes, você é a pessoa mais próxima para prestar o socorro a alguém.

Para que todos sejam atendidos, todos precisam se ajudar.

Se olhar com atenção, verá que a ajuda que precisa já foi providenciada.

Tenha olhos de ver e coração de sentir para perceber o socorro em andamento.

Confie! Busque pela ajuda à sua volta.

108

Se seus colegas se reunirem para gazear aula, participar de pequenos furtos, provocar brigas, pichar ou quebrar propriedades alheias, não fique perto.

Procure se enturmar com quem tem interesses saudáveis.

Afaste-se de quem está procurando confusão.

Siga este conselho e não terá motivos para arrependimentos.

109

Você traz dentro de si as sementes de todas as virtudes.

Estão em estado latente, esperando o tempo bom para brotar.

As ervas daninhas que boicotam a boa produção, também estão em nós.

A paciência, gentileza, solidariedade, vontade, e outras sementes precisam de cuidados especiais para germinar.

Faça com que cresçam como árvore forte.

110

Você sabia que existe o verbo "pazear"?

Significa fazer paz.

O mundo todo ganha quando se escolhe pazear em vez de guerrear.

111

Trate os seres vivos com amor.

Cuide para que os animais não sofram crueldades, a vegetação não sofra destruição desnecessária e as pessoas não sofram preconceitos.

Respeite a vida, cuidando para que a beleza do mundo continue existindo.

112

Os seres humanos têm um grande desafio coletivo: viver em harmonia com a natureza.

Sua geração é esperança de recuperação da harmonia.

Para isto é preciso estudo e pesquisa, trabalho e criatividade, ideal e conscientização para a aprovação de leis protetoras.

Cresça cuidando da natureza onde você estiver.

113

Ter bom humor não é caçoar das outras pessoas.

Bom humor é rir de nós mesmos, das nossas atitudes desajeitadas e situações embaraçosas que provocamos para nós mesmos.

Pode rir de si mesmo se escorregar em uma casca de banana, mas não do outro em igual situação.

É uma forma de dizer para si mesmo: "tudo bem, não foi tão sério, fique alerta para não acontecer de novo".

114

Ser voluntário, é doar tempo e energia em atividade útil.

Se seus pais não estão engajados em trabalho voluntário, pode acompanhar seu tio ou conhecido da família que exerça tarefa voluntária.

Levar alegria a "Casa de Idosos" ou ao "Lar de Crianças", pode ser muito "legal"!

Você dá e recebe alegria!

115

Cuide para que doces, refrigerantes e outros lanches não substituam as suas refeições.

Desenvolva seu paladar para verduras e frutas.

Nunca diga que não gosta de determinado alimento, antes de prová-lo várias vezes.

Não se adquire hábitos saudáveis de uma hora para outra.

É preciso começar cedo!

116

Não reaja diante das provocações de seus colegas ou de seus irmãos.

Reação, geralmente gera mais reação.

Faça diferente!

Pare, respire fundo e pense...

Certamente encontrará solução pacífica para o problema.

117

Observe a natureza e aprenda com ela.

Ela espalha lições simples e importantes por toda flora e fauna do planeta.

Por exemplo:

A paciência e a perseverança com a tartaruga.

A força do trabalho em grupo com formigas e abelhas.

A fé com as sementes.

A generosidade e servidão com as árvores.

Siga as pistas da natureza e ganhará sabedoria.

118

Há dois tipos de situações difíceis. Aquela que você pode fazer algumas coisas para mudar e aquela que você não pode fazer nada.

Se seus pais mudaram de cidade, você tem que ir junto e pronto!

Não adianta a revolta, em casos assim, o melhor é aceitar e buscar as vantagens que a nova cidade lhe oferece.

Se uma doença o acometer, ou a um ente querido, além de cumprir as recomendações médicas, podemos aprender coisas importantes, como: a paciência, a humildade, a valorizar a vida e a fortalecer os vínculos familiares.

119

Pense em coisas boas acontecendo às pessoas de sua família.

Diante de algum familiar doente, pense nele curado e feliz.

Se seu pai ou sua mãe estão desempregados, imagine-os satisfeitos com o novo emprego.

Se familiar estiver viajando, pense nele fazendo ótima viagem.

Só há vantagens em pensar o melhor.

Pense em finais felizes!

120

Você está crescendo, o que exige atitudes de mais autonomia.

Saiba que você consegue largar a chupeta, dormir sozinho no seu quarto, passar alguns dias na casa dos seus tios, viajar com seus avós, pegar a condução para ir ao colégio e muitas outras coisas.

Os desafios fazem parte do crescimento.

121

Você tem ciúmes quando seu melhor amigo, ou melhor amiga demonstra interesse por outros amigos ou atividades?

Em vez de querer exclusividade, fique amigo dos amigos deles.

O coração cresce para abrigar novas amizades.

Há espaço para todos.

122

O que passou, passou.

Relembrar situações ruins só traz de volta sentimentos infelizes.

Ferida cutucada não cicatriza.

Lembre-se dos bons momentos e se sentirá melhor.

Siga em frente sem olhar para trás.

Imagine-se passando por um caminho colorido e iluminado.

123

Para Deus pouco importa se somos brancos ou negros, pobres ou ricos, altos ou baixos, desta ou daquela religião.

Como Pai, quer que todos convivam como irmãos.

124

Nunca pegue para si, o que não lhe pertence.

Se pedir emprestado, devolva.

Se achar no chão, procure pelo dono.

Peça permissão para usar o que não é seu, mesmo que seja uma borracha.

Já ouviu o ditado popular, "é de pequeno que se torce o pepino"?

Significa que pequenos cuidados na infância, forma um adulto mais "legal".

125

Iniciou atividade extracurricular? Pode ser natação, futebol, música, capoeira, línguas, dança, artesanato, teatro, culinária, computação e muito mais.

Seja qual for, persista por meses, não desista facilmente.

Vença a preguiça.

Aceite o desafio.

Supere seus limites.

Desenvolva suas habilidades.

126

Os feriados têm significados diferentes para culturas diferentes, todas têm motivos para celebrar.

Aproveite estes momentos junto aos familiares.

A família é e sempre será seu maior tesouro.

127

Ninguém tem tudo o que deseja.

Se você focar sua atenção na coisas que não tem, sentir-se-á insatisfeito e infeliz.

Se focar sua atenção em tudo que possui, sentirá gratidão.

A escolha que fizer afetará decisivamente sua vida.

Faça escolhas com sabedoria.

128

Sempre é possível aprender após o erro.

Por exemplo:

Decidir levar a sério os estudos depois da nota baixa.

Perceber que é melhor dizer a verdade, após o constrangimento de ver descoberta uma mentira.

Fique esperto.

O sofrimento não será inútil se você aprender algo importante.

129

É possível aprender observando as atitudes das outras pessoas.

Por exemplo:

Decidir ficar longe das drogas após assistir a um documentário sobre jovens drogados, que abandonam suas famílias para morarem nas ruas.

Fique esperto para não repetir os erros cometidos pelos outros; se não quer o mesmo destino para sua vida, faça diferente.

Da mesma forma, fique atento para se inspirar na conduta de vida de quem vale a pena.

130

Você fez uma inimizade?

Sente-se magoado quando pensa nesta pessoa?

Geralmente nos ressentimos mais, quando nos decepcionamos com alguém que nos é caro.

Não sabe se ama ou se sente raiva?

É o amor machucado.

Aproxime-se novamente.

Dê o primeiro passo, para a reconciliação.

Agindo assim, aliviará seu coração.

131

A realidade pode ser percebida por múltiplas lentes, conforme a disposição interna de cada um.

Basicamente temos as "lentes claras" e as "lentes escuras"

Com as "lentes escuras", vemos o lado sombrio das coisas.

Se mudarmos de lente, veremos o lado luminoso da mesma situação ou coisa.

Esteja em sintonia com tudo que é bom, belo e positivo e o mal perde seu significado, por falta de ressonância vibratória.

132

Jesus falou como é importante perdoar.

Tudo que ensinava, ele dava testemunho com seu exemplo.

E não foi diferente com o perdão.

Pregado na cruz, pediu em favor de seus perseguidores: "Pai perdoa, eles não sabem o que fazem."

Perdoar não é esquecer.

Perdoar é não desejar o mal a quem nos prejudicou.

Perdoar é desejar o bem a quem nos fez mal.

Quem perdoa está fazendo bem para si mesmo, porque fica em paz!

133

Não seja preguiçoso, tirando "nota" na escola às custas de seus colegas.

A "nota" que assim tira mede a capacidade do seu colega, não a sua.

Acredite em seu potencial.

Dedique-se mais ao estudo, para não lhe fazer falta depois.

134

Os outros não entendem que você está sofrendo?

Acham que você exagera ou se faz de vítima?

Só quem está passando, de fato pela situação, é capaz de avaliar a dificuldade.

Se você tem um grande problema, divida-o em partes, e resolva cada uma delas separadamente.

Cada parte solucionada torna a seguinte mais fácil.

Lembre-se de que todo problema tem solução!

135

Ajude sempre que puder, sem esperar retorno.

Quando se espera retribuição o gesto perde parte do valor, pois parece troca de favores.

Esperando retribuição nos frustramos porque o outro é diferente e faz as coisas à maneira dele.

Ficamos com raiva porque não aceitamos as pessoas como são.

Cada pessoa demonstra afetividade e gratidão à sua maneira.

136

Deus está em toda parte ao mesmo tempo.

Ele se manifesta em você, através de suas atitudes de bondade e de seus bons pensamentos.

Para cada atitude desagradável que tiver feito, faça três que sejam admiráveis.

Assim, você estará contribuindo para o bem crescer no mundo.

137

Você não está satisfeito com sua aparência?

Não gosta do seu cabelo, queria ser mais alto, que seu nariz fosse diferente, acha seu corpo feio, seus dentes desalinhados etc?

Não se olha no espelho, não gosta de tirar fotos, se esconde em roupas largas, coloca a mão na boca ao sorrir, evita o olhar das pessoas, temendo críticas e comparações?

Quanto mais você se importa com isto, mais chama a atenção para o que quer esconder.

A vida é para ser vivida com gratidão, como somos.

Seja gentil consigo mesmo!

138

Já pensou como seria o mundo se não existissem as leis?

Elas são necessárias para a boa convivência.

Há leis internacionais para garantir a ordem mundial, assim como há regras dentro dos lares para manter as boas relações entre as pessoas da família.

Chegará o dia em que todos viverão em harmonia, independente das leis e regras.

Isto depende de todos nós.

139

Viva intensamente o momento presente.

Dê mais atenção para o que estiver fazendo.

Por exemplo: ao comer, mastigue lentamente sentindo o sabor do alimento; ao conversar com um amigo, dê-lhe toda atenção, fortalecendo a amizade entre vocês; brincando, relaxe e divirta-se.

Isto é viver intensamente cada momento.

Viva intensamente!

140

Adotar um jeito simples de viver é: dar preferência ao natural e saudável, se encantar com a natureza, valorizar as amizades, evitar os excessos de toda ordem, ser grato pelo que tem, se amar, amar a vida, seguir a sua consciência se importando menos com o que os outros vão pensar.

Esta maneira de "ser", evita preocupações desnecessárias, perda de tempo e desgaste emocional.

Assim, a vida flui melhor.

141

Não deixe a tristeza se instalar em sua vida, mesmo quando tem motivos para ficar triste.

Se a tristeza teimar em ficar, desvie sua atenção para coisas que o façam sentir-se bem, e continue fazendo suas atividades diárias.

Quando você menos esperar, estará se sentindo bem, novamente.

A vida deve continuar com alegria!

142

Ao invés de xingamentos, gritos e acessos de raiva, resolva suas desavenças com boa conversa.

Fale sobre seus motivos e pontos de vista.

Escute, também, o que o outro tem para falar, sem interrompê-lo.

Assim será mais fácil compreender e ser compreendido.

143

Sua família é a família certa para você.

Crescemos juntos, em uma mesma família, para aprendermos a nos querer bem, apesar de pensarmos diferente sobre várias coisas.

Aproveite a oportunidade que a vida lhe deu.

Procure viver em harmonia com seus familiares.

144

Você sabe o que é certo e o que é errado.

Sabe quando um adulto está agindo de maneira errada com você.

Se isso estiver acontecendo a você ou com amigo seu, peça ajuda a um adulto do bem.

Se for necessário, fale com mais de uma pessoa.

Com atitude uma situação ruim pode ser mudada.

Tenha coragem e busque a solução para este sofrimento.

A ajuda que você precisa pode estar bem perto de você.

145

Para tudo tem conserto.

Se fez algo errado, não se desespere.

Faça prece ao seu anjo da guarda e sentir-se-á mais calmo.

Abra esse "livrinho" aleatoriamente, desejando inspiração.

Ao se deitar, em prece, peça ao seu anjo da guarda para orientá-lo durante seus sonhos.

Confie, saberá o que fazer!

146

As drogas estão em toda parte, até mesmo na sua escola.

É mais difícil dizer não a elas quando se está em conflito.

Se você está sofrendo, com as drogas sua situação ficará, ainda, pior.

Vá atrás da solução daquilo que o aflige.

Fique longe das drogas.

147

Sua mãe está grávida?

Em breve você terá um irmãozinho ou irmãzinha?

Pois saiba que o bebê é capaz de sentir sua presença.

Faça contato, isto deixará seu irmãozinho muito feliz.

Assim, aos poucos vão aprendendo a gostar um do outro.

Não espere ele nascer para dizer que o ama.

148

Sente-se ofendido, não merecia ser tratado assim?

Sente-se frustrado, com raiva?

Precisamos aceitar as coisas que estão fora do nosso controle.

Ao aceitarmos, esse sentimento torna-se tolerância.

149

Sua mãe não foi quem gerou você?

Se esse fato o inquieta, saiba que o amor pelo filho nasce na alma e não no útero da mãe.

Você os ama menos por isso?

O sentimento entre pais e filhos deve ser sempre o amor.

Deixe o amor fluir e seja feliz!

150

Você zela pelo seu material escolar?

Usa a borracha e o lápis até o final ou os perde antes disto?

Tenha por hábito, colocar de volta no lugar assim que usar, assim saberá onde encontrá-los quando precisar.

No meio do ano seus cadernos e apostilas estão cheios de "orelhas"?

Sua mochila fica detonada antes do ano letivo terminar?

Você pode adotar pequenos cuidados diários no manuseio do seu material.

Só depende de você!

151

Seu colega tem necessidades especiais: deficiência visual, auditiva, dificuldade na fala, motora ou de aprendizagem.

Ele pode estar precisando da sua ajuda, auxilie-o no que for necessário.

Ele é igual a você, só que tem dificuldades em algumas áreas.

Não deixe que essas diferenças os afastem um do outro.

152

Tenha sempre consigo o sentimento de gratidão à vida.

Nas refeições, agradeça o alimento, durante o banho, seja grato à água quentinha, à roupa que está vestindo, pelo aprendizado que recebe na escola, pelos amigos que já conquistou, pela família que o ama, e tudo mais.

Ao agradecer, deseje o mesmo aos que não tem.

O interesse no bem-estar do próximo dá significado e sentido à vida.

153

Diante de questões difíceis que você acredita que não consegue resolver, tenha paciência e tente mais uma vez.

Fortaleça-se na oração com fé e receberá a inspiração que precisa.

Tenha confiança.

154

Se algo não saiu como você queria, não se revolte.

Analise melhor a situação.

Descubra o que deu errado e corrija o que pode ser corrigido.

Faça o que depende de você, e aceite aquilo que está fora do seu controle.

Siga em frente, dentro do possível.

155

A máquina sem graxa começa apresentando pequenos problemas e um dia se quebra.

A amizade sem gentileza também se desgasta e, como a máquina, precisa de esforço para ser recuperada.

Cuide para que isto não aconteça com suas amizades.

Não espere igual tratamento, para não se frustrar.

Faça a sua parte.

156

Reagir não é a mesma coisa que agir.

A reação é uma resposta imediata à ação do outro.

Agir é uma resposta pensada.

Quando pensamos, temos mais chance de acertar.

Principalmente quando for contrariado, pense antes de fazer ou falar algo, e evitará aborrecimentos.

157

Não seja egoísta, querendo tudo para você.

Aprenda a compartilhar.

Todos nós temos algo a oferecer: brinquedo, livro, roupa, lanche, informação, atenção ou sorrisos.

Compartilhe com os outros o que você tem de melhor.

158

Não critique!

Não fale mal do outro.

O que é bom para mim, pode não ser o melhor para o outro.

Posso não ter todas as informações e meu julgamento pode estar errado.

O que vou dizer pode não ajudar em nada e piorar muito mais a situação.

Se mesmo assim, achar que deve dizer algo sobre a conduta de alguém, fale com jeito, procurando ajudar.

Assim, é mais fácil o outro ouvi-lo e perceber suas boas intenções.

Seja cuidadoso.

159

Seu colega está " de mal" e você nem sabe o motivo?

Você pode ter dito ou feito algo de mau gosto e não se lembra.

Procure-o para uma conversa amigável.

Não corra o risco de perder a sua amizade.

Dissolva o mais rápido possível os mal-entendidos.

160

Quer fazer coisas que seus pais não deixam?

Gostaria de dormir além da hora que lhe é permitida?

Há estabelecimento de tempo para ficar na internet?

Cabe aos seus pais colocar limites para protegê-lo e melhor educá-lo.

Lembre-se que o sentimento que motiva a atitude de seus pais é o amor.

Seja compreensivo agora e, mais tarde, quem sabe, poderá lhes dar razão.

161

Não se desanime com o que os outros fizeram ou disseram sobre você.

Dê mais valor aos elogios e manifestações de bem querer.

Levante a cabeça, siga em frente, e estará tão distante, que nem se lembrará desses contratempos.

162

Nossa mente está ligada a Deus.

Mantenha-se sempre unido com esta Fonte Infinita de Amor, através da oração, dos bons pensamentos e todo bem que fizer.

Assim, você vencerá em todo bem que dispuser a fazer.

Você tem esse poder: confie!

163

A leitura é um hábito saudável.

O livro é um bom amigo para todas as horas.

Um bom livro alimenta nossa alma, da mesma forma que a boa comida alimenta o nosso corpo.

Leia todos os dias, no mínimo, uma mensagem deste livrinho.

A leitura abre-nos janelas para novos horizontes!

164

As pessoas têm momentos felizes e momentos difíceis.

Mas, momentos difíceis passam e os bons também.

Aflições e alegrias se revezam o tempo todo.

A natureza nos ensina que depois da tempestade vem a bonanza.

Pense no "bem" que está acontecendo agora.

Pense no que virá após a crise.

Lembre-se: tudo passa.

165

Esteja sempre no comando da sua vida.

Não deixe que a inveja, o ciúme, a raiva, a revolta, leve-o a fazer coisas de que não gostaria.

Não altere a rota do bem.

Só se é feliz fazendo o bem.

166

É comum os filhos sentirem culpa quando os pais se separam.

Fica a impressão que poderiam ter feito algo para evitar a separação.

Não há nada que os filhos possam fazer nesta situação.

Cabe aos filhos aceitar a decisão tomada e deixar este problema para o casal resolver.

Se isto estiver acontecendo com você e sua família, procure viver bem com seus pais mesmo que haja "brigas" entre eles.

A separação do casal, também, não precisa alterar o bem-querer que há entre você e seus irmãos.

A harmonia que deve existir em uma família, depende de todos.

Faça a parte que cabe a você!

167

Quando estiver na expectativa de um acontecimento novo, sempre pense o melhor.

Contribua para o melhor resultado e aguarde esperançoso.

Não sofra por antecipação pensando que dará errado.

Se for para antever um final, que seja um final feliz!

168

A raiva é um sentimento natural a todos.

Às vezes sentimos raiva das pessoas que mais amamos.

Só não podemos deixar que a raiva tire nossa razão.

Agredir é perder o controle.

Inicie o quanto antes esforço voluntário para que isso não aconteça.

Peça ajuda profissional, se for necessário.

Descubra uma forma eficaz de manter o controle da agressividade ao sentir raiva.

169

Ao invés de pensar: "não quero repetir o ano escolar", pense: "vou passar de ano".

Diante de um perigo, não diga ao seu irmãozinho: "você vai cair", diga-lhe: "ande devagar"!

Volte sua atenção para o resultado desejado.

O foco do seu pensamento dá a direção acertada.

Acredite no poder do pensamento positivo melhorando seu dia a dia.

170

Seja assertivo.

Expresse adequadamente seus sentimentos.

Fale sobre seu contentamento ou descontentamento com as pessoas, sem levantar a voz e nem lhes faltar com respeito.

De maneira educada, fale como você se sente e verá como as relações com as pessoas ficarão melhores.

171

Deus criou as leis naturais que regem o universo.

Uma delas é a lei do progresso.

Toda humanidade marcha para o progresso moral e intelectual.

À medida que isto acontece o mundo fica melhor para viver.

Pessoas melhores, mundo melhor.

172

Hábitos se formam desde a infância.

Formular as frases afirmativamente é um hábito salutar e útil.

Sempre afirme o que vai ou deve fazer, evitando o mesmo conteúdo na negativa. Por exemplo:

Ao invés de dizer:

– Não esquecer de fazer "tal coisa!"; diga:

– Lembrar de fazer "tal coisa"!

Seja afirmativo!

Tenha em mente a ação a ser alcançada.

173

É comum as pessoas estarem tão ocupadas consigo mesmas, que não percebem quando um colega está triste, preocupado ou com dor.

Isto já deve ter acontecido com você.

Saiba identificar quando alguém está diferente em seu jeito comum de ser. O amigo calmo fica agitado, o mais alegre fica calado e não quer brincar.

Você o ajudará a se sentir melhor com a sua atenção.

174

Meninos e meninas têm aspectos psicológicos diferentes entre si.

"Ser diferente" não torna um melhor do que o outro.

Meninos e meninas têm os mesmos direitos e deveres.

Conviva mais entre amigas e amigos, e verá que um tem muito a aprender com o outro.

175

Não existem pessoas perfeitas. Seja tolerante com a maneira de ser de cada um.

Assim, terá mais chance de ser tratado da mesma forma.

Somos todos aprendizes e precisamos da compreensão mútua.

Veja o lado bom das pessoas.

Elogie o que elas têm de melhor.

Receber elogios ajuda-nos a ganhar mais confiança e seguir em frente.

176

Cresça cultivando o interesse pelo bem-estar do outro.

Por exemplo: defenda os animais, plante, dê destino adequado ao lixo, consuma menos, respeite o direito das pessoas e seus sentimentos.

Assim, no futuro, poderá ser professor, médico, motorista, pedreiro, advogado, bombeiro, engenheiro, esportista, policial, político, juiz mais humano.

O mundo precisa de pessoas boas.

177

Se você está se sentindo mal porque colegas o xingam constantemente, mantenha-se calmo.

O que importa é o que é, e não o que pensam de você.

Acredite, quem age assim, não está bem.

Não lhes deseje mal.

Não se prejudique, contaminando-se com energias negativas.

Siga em frente!

178

A amizade é como uma plantinha, que precisa ser regada para crescer.

A gentileza, a atenção, o companheirismo é para a amizade o que a água é para a planta.

Faça novas amizades, sem descuidar-se das antigas.

179

Sente-se pressionado a fazer coisas que o deixam constrangido?

Pessoas do seu convívio impõem que faça coisas que o fazem sentir-se mal?

Tenha coragem e confie o que o perturba a seus pais, tios, avós ou a um professor.

Confie o que o incomoda aos que lhe querem bem. Eles saberão como ajudá-lo.

Você não precisa passar por isto, busque uma solução!

180

Controle o consumo para não haver desperdício.

Com a comida.

Com a água.

Com a luz.

Com as roupas.

Com os brinquedos.

Com os eletrônicos.

Colabore com os recursos naturais, consuma o necessário.

Faça menos lixo.

181

Procure pensar coisas boas, principalmente quando os que estão à sua volta pensam em maldades.

Seja como a luz que não se suja quando refletida na lama.

Seja como a flor do pântano que continua a exalar seu perfume.

Seja a sua melhor versão, onde estiver!

182

Pai, mãe e filhos morando juntos em uma mesma casa é o desejo de toda família.

Nem sempre isso é possível.

Mesmo separados fisicamente continuam sendo pai, mãe, filhos e irmãos.

Os laços que nos unem em família devem ser os do amor.

Se sua família está vivendo algo parecido, não permita que intrigas os afastem ainda mais.

Você não precisa escolher entre seu pai e sua mãe. Assim, fica mais fácil, ser o filho que sempre foi.

183

Jesus chamou Deus de Pai.

Logo, Jesus é nosso irmão.

Jesus é o espírito mais evoluído que pisou na Terra.

Tenha-o como modelo, o irmão mais velho, o mestre querido que sabe aconselhar.

Procure conhecê-lo.

184

Não use da mentira para se beneficiar, ou para esconder algo mal feito.

Cultive a verdade em todo momento, porque ninguém gosta de ser enganado.

Quando contamos uma mentira, o mal escondido pode cair sobre outra pessoa.

Seja sincero e evite prejudicar alguém inocente ou perder a confiança que depositam em você.

Seja verdadeiro!

185

Você está sofrendo bullyng por parte de alguns colegas?

Esteja atento para ver se você, também, faz o mesmo com os outros.

Não faça nada que ridicularize ou deixe o outro envergonhado.

Você sabe quanto este comportamento magoa.

Descontar a ofensa recebida nos colegas mais tímidos, não resolve sua questão.

Faça ao outro o que gosta de receber.

186

Já pensou o que quer ser "quando crescer"? Como se imagina trabalhando?

Em um hospital, dentro de um escritório, envolvido em pesquisa científica ao ar livre, em laboratório, ligado aos esportes, com música, em contato com muitas pessoas, isolado, em contato com a natureza, viajando, estudando muito, escrevendo, ensinando, inventando coisas, correndo riscos para salvar pessoas...

Escolha trabalhar em algo que o faça feliz, só em pensar...

187

Tem alguma coisa que você deseja muito fazer?

Não desanime diante dos que dizem que você não vai conseguir.

Mantenha firme a sua força de vontade, use sua inteligência e trabalhe para conseguir o que deseja.

Se precisar peça ajuda!

Porém, jamais prejudique alguém para obter vantagens.

Vá em frente!

188

No Natal comemora-se o aniversário de Jesus.

Ele merece ganhar um presente seu.

Tudo que contribuir para que você seja uma pessoa mais completa, agradará o aniversariante.

Que tal, adquirir um hábito bem saudável?

Será um belo presente!

189

Você recebeu de Deus grande potencial para ser desenvolvido.

São virtudes latentes, como sementes a espera da germinação.

Nenhuma delas será desperdiçada.

Temos a eternidade para desenvolvê-las.

Aproveite o tempo, comece o quanto antes.

Seja virtuoso!

190

Mentir causa grande desgaste mental.

Geralmente para sustentar uma mentira é preciso criar novas mentiras.

A vida é bem mais simples quando se fala a verdade.

Vale a pena ser verdadeiro.

191

Estamos de passagem pela Terra.

Nossa verdadeira natureza é espiritual.

Vivemos mais tempo na espiritualidade do que no mundo material.

Lá estávamos antes de nascer e para lá retornaremos.

Faça um minuto de silêncio.

Sinta-se imortal e toda a sua existência fará mais sentido.

192

Existem regras estabelecidas por seus pais sobre o que pode e o que não pode ser feito.

Se você não concorda com algumas delas, não se revolte, não faça escondido o que não é permitido.

Converse com seus pais e procure compreender as razões deles. Se ainda achar necessário, exponha seus argumentos.

Você estará melhor ao compreender os motivos de seus pais e ponderá-los com seu ponto de vista pessoal.

193

Nem sempre o adulto é bom exemplo a ser seguido.

Os adultos também estão matriculados na grande escola da vida, que é a Terra, para aprender.

Seja bom observador.

Siga os bons exemplos.

Viva bem. Seu irmão mais novo e amigos podem estar aprendendo com você.

194

Há atividades que você precisa fazer. Por exemplo: as lições da escola.

Outras que você pode escolher, como brincar ou assistir televisão.

Obrigações e lazer, as duas são importantes.

195

Muitas crianças e jovens não vivem bem com suas famílias, sejam elas formadas por laços biológicos ou pela adoção.

Infelizmente há jovens e crianças em abrigos, longe dos familiares.

A revolta não melhora a situação, nem o fará se sentir melhor.

Onde estiver, procure se adaptar, e construa um futuro melhor para a sua vida.

196

Procure ocupar seu tempo com atividades úteis.

Perde-se muito tempo com os games, redes sociais, programas de televisão ou dormindo demais.

Invente coisas, aprenda algo novo, faça mais atividade física, leve seu cachorro para passear, cuide do jardim, ajude seus pais nos trabalhos domésticos, passe mais tempo com a sua família.

Valorize o seu tempo!

197

Algumas leis são específicas para as crianças e jovens.

Por exemplo:

Crianças menores de 10 anos devem ficar no banco de trás do carro.

Apenas maiores de 18 anos podem dirigir carros e motos.

Seja cumpridor da lei e das regras onde você estiver.

Elas existem para garantir o bem estar de todos.

198

Você é curioso, inovador, aventureiro, quer aprender coisas novas?

Existe uma língua chamada Esperanto, que foi criada para unir os povos do mundo, facilitando a comunicação entre todos.

Informe-se sobre iniciativas, como esta, que tem por princípio a fraternidade.

Envolva-se e colabore, criando e divulgando ideias que tornem o mundo melhor.

199

Você acha que divertimento que coloca em risco a vida de pessoas e animais é válido?

Pois é o que acontece quando pessoas se agrupam para soltar balões inflamáveis.

É o que acontece ao se colocar cerol no fio da pipa[1].

Provocar sofrimentos não é diversão.

Escolhas brincadeiras em que todos possam rir.

---
1 Pipa: rabiola, papagaio.

200

Já pensou em praticar esportes?

Pensou em iniciar aula de música ou pintura?

Seus pais o incentivam a fazer atividade extra, mas você sempre deixa para depois?

É sempre tempo para começar.

Não adie mais, descubra o que você mais gosta de fazer e vá em frente!

201

O sentimento de gratidão tem força de imã para atrair lembranças boas.

Ser grato é poderosa ferramenta na construção da vida feliz.

Todos os dias eleja três novas coisas para agradecer.

Em breve a gratidão se tornará hábito.

Comece agradecendo a Deus pela oportunidade da vida.

202

Os pais biológicos não geram o Espírito, geram apenas o corpo físico.

O Espírito é criado por Deus.

O Espírito antecede o desenvolvimento do corpo, e sobrevive a morte deste.

O Espírito é a sede do pensamento, dos sentimentos e de todo processo psíquico.

Laços familiares mais fortes são estabelecidos pelo amor.

O amor forma a Família Espiritual.

203

As famílias são compostas de formas diferentes, certo?

Você tem amigos que moram com os pais.

Conhece quem more com os tios, com os avós, só com o pai ou só com a mãe.

Há ainda quem viva entre as casas do pai e da madrasta, da mãe e do padrasto.

Muitas crianças e jovens moram com irmãos, "meios" irmãos, filhos do padrasto ou da madrasta, e outras configurações familiares.

Seja qual for sua situação, o essencial é viver bem com todos.

Aceite com gratidão esse desafio, e será mais feliz!

204

Se seus amigos têm brinquedos que você gostaria de ter, não os inveje.

Fique feliz por eles.

Lembre-se de gostar do que pode ter no momento.

Sempre haverá quem tem mais e quem tem menos que você.

Ser grato pelo que temos é a chave da felicidade.

205

Nem todos se adaptam facilmente aos hábitos novos. Por exemplo: respeitar as vagas especiais.

Alerte seus pais para não estacionar nas vagas destinadas aos idosos, deficientes físicos e outras categorias.

Essas leis foram criadas para facilitar a vida daqueles que possuem limitações, que nós outros não temos.

Seja solidário com as necessidades alheias.

206

Está com dificuldade para se concentrar nos estudos?

Sua mente parece um "macaquinho doido, pulando de galho em galho"?

Sua mente está muito excitada.

Pare, respire fundo e observe a natureza por alguns minutos.

A mente relaxa quando imaginamos belas paisagens, pessoas felizes e a presença de Deus.

Experimente!

207

Se você tem dificuldade para aprender e memorizar os conteúdos escolares, precisando estudar muito para um resultado mediano, seja persistente.

Descubra maneiras mais eficientes de estudo.

Jamais inveje a capacidade daqueles colegas que aprendem com facilidade.

Esta dificuldade levará você a desenvolver a atenção e força de vontade, que lhe será útil em outras ocasiões.

Portanto, preste bastante atenção nas aulas e estude mais.

208

Crianças apresentam melhor desempenho em áreas de diferentes interesses.

Há aquelas que têm facilidade para aprender idiomas, outras para matemática, música, dança, esportes, fazer amigos, consertar coisas, tecnologias, cuidar de animais, ouvir e compreender o outro, criar estórias, fazer os outros rirem, e muito mais.

Jamais inveje a capacidade de seus colegas, ao invés disso, descubra onde está seu potencial.

Não gaste energia se comparando aos outros, e sim, desenvolvendo suas aptidões..

209

Você que nasceu com alguma deficiência física ou com grave doença crônica, saber aceitar esta condição é mais útil do que viver lamentando a própria sorte.

Por pior que lhe pareça, você poderá superar grande parte de sua dificuldade e desenvolver novas habilidades para compensá-la.

Deus sempre tem um propósito para nossas vidas.

Tenha fé, confie na Providência Divina e viva com alegria.

Um dia, todos nós compreenderemos os desígnios Divinos.

210

Tudo o que fazemos se inicia com uma ideia.

Alimente sua mente com bons livros, bons programas de TV, bons games, boas amizades, boas risadas, boas músicas, bons pensamentos.

Com a mente cheia de inspiração, você terá ideias geniais, revolucionárias, saudáveis e criativas.

211

É comum ver, principalmente os meninos se tratando com grosseria, entre amigos.

Usam termos depreciativos, gestos bruscos, fazem chacota um do outro, colocam apelidos de mau gosto e outras atitudes que não combinam com o bem-querer que há entre eles.

Aprenderam um jeito ogro de se relacionar.

Não tenha receio em demonstrar as qualidades de uma amizade verdadeira.

212

Hábitos são criados através de repetição frequente e contínua.

Contribuem ou não para a sua felicidade.

São exemplos de hábitos prósperos:

Ser gentil.

Pensar positivo.

Ser justo.

Falar a verdade.

Persista, exercite aquilo que é correto, e logo fará sem perceber.

213

Naquilo que vale a pena, procure bater seus próprios recordes.

Por exemplo:

Ler, neste ano, mais livros do que leu ano passado.

Tirar melhores notas nas provas do que tirou no bimestre anterior.

Ser mais obediente aos seus pais nesta semana do que na semana passada.

Você não precisa ser melhor que ninguém.

Seja melhor que você mesmo.

Supere seus próprios limites!

214

Às vezes, não se sente amado por seus pais tanto quanto desejava?

Saiba que pessoas não demonstram quanto amam da mesma maneira.

Muitos adultos não ouviram "eu amo você" dos pais, não receberam beijos nem abraços carinhosos, e não sabem como fazer, mesmo desejando fazê-lo.

Se você tem vontade de abraçá--los, abrace. Lembre-se de demonstrar seu bem querer.

Com o tempo seus pais podem aprender com você.

215

É normal adultos e crianças sentirem tristeza, medo, raiva e ciúmes.

Descubra por que você está se sentindo assim.

Compreender a causa pode ser libertador.

Atitudes que ajudam pensar a respeito: escrever um diário, conversar sobre, meditar, contemplar a natureza buscando inspiração.

Em outros momentos, mudar o foco e se distrair é o melhor a fazer.

Escolha atividades da sua preferência, como: andar de bicicleta, desenhar, ler e outras brincadeiras.

Tenha sempre em mente uma lista de boas opções, e quando precisar, consulte-a.

216

Tudo está constantemente mudando. Nada fica muito tempo do mesmo jeito.

Faz calor, frio, venta, chove. Noite e dia se revezam.

A gente planeja de um jeito, e algo não sai como desejamos.

Toda mudança tem um lado positivo e um negativo.

Tem coisas que a gente ganha e outras que perdemos.

Por exemplo: você está saindo

para andar de bicicleta com seu amigo. Durante o passeio, a chuva cai e faz vocês mudarem os planos.

Inventem algo legal para fazer em casa.

Aprender a ver o lado positivo das mudanças é muito interessante.

217

Aproveite a infância para ser criança.

O tempo passa rápido e não vale a pena pular etapas.

Não tenha pressa para namorar, ir a festas noturnas, dirigir, assistir filmes não recomendados a sua idade.

Você tem muito tempo pela frente, é necessário esperar a hora certa.

Não faça nada que exija mais maturidade do que você tem.

Grande parte do equilíbrio emocional adquire-se vivendo integralmente cada fase da vida.

218

O jovem brinca com seu visual.

Cria estilos que vai do colorido ao gótico.

Unhas coloridas, corte e pintura radical do cabelo, acessórios... a criatividade não tem limite.

Estas fases passam e pode ser divertido relembrá-las quando for mais velho.

Deixe para fazer mudanças irreversíveis como, tatuagem, piercing e alargadores de orelha, quando tiver maturidade para decidir.

Assim, correrá menos riscos para arrependimentos.

219

As leis foram feitas para garantir o direito de todos, assim como as normas de boa conduta na escola e as regras impostas por seus pais em casa.

Se você não concordar com algumas delas, pesquise sobre o motivo delas existirem.

Se mesmo assim não concordar "lute" para melhorá-las.

Enquanto isto não for possível continue respeitando-as.

220

Já ouviu este provérbio?

"Um exemplo vale mais do que mil palavras."

Pessoas gritam para pedir silêncio, batem para ensinar a criança a não brigar, aconselham a não fazer como elas fazem.

Sem perceberem, ensinam o contrário através de seus exemplos.

Seja coerente, exemplificando no dia a dia seu discurso.

221

Constantemente influenciamos as pessoas com nosso exemplo.

Cuidado! Suas atitudes podem estar sendo copiadas por seu irmão mais novo, mesmo sem você perceber.

Seja bom exemplo para seu irmãozinho.

Se for para ele aprender algo com você, que seja uma coisa "legal"!

222

Quando nascemos recebemos o nome de acordo com o sexo, masculino ou feminino.

Alguns comportamentos, também costumam ser associados a um dos sexos, por exemplo: meninos gostarem de jogos competitivos e serem mais aventureiros, meninas gostarem de brincadeiras calmas e serem mais caseiras.

Mera convenção, não há nada de errado em menina jogar futebol e menino brincar de escolinha.

Meninos e meninas devem crescer para serem homens e mulheres felizes.

223

O que aconteceria com sua casa se ninguém se preocupasse com a limpeza?

O mesmo acontece com a cidade em que mora.

Com habitantes bem educados, praças ficam bem conservadas, calçadas limpas, ônibus preservados e escolas livres da pichação etc.

São pequenos deveres que somados fazem grande diferença.

Dizer: "Todos fazem assim", é desculpa para não se incomodar.

Faça o que é certo

224

Seu colega é vítima de brincadeiras de mal gosto?

Colocam-lhe apelidos, sofre ameaças, insultos, roubam-lhe o lanche, riscam o seu caderno escolar?

Se estiver acontecendo repetidamente, isto é bullyng.

Não seja espectador, que assiste tudo passivamente.

Seja solidário ao sofrimento do seu colega.

Fale com um adulto do bem, buscando ajuda.

Sua atitude pode mudar esta situação.

225

Quando em apuro, sem percebermos, automaticamente dizemos:

– Ai meu Deus!

Isto, porque trazemos dentro de nós a ideia de algo que transcende a existência na Terra. Mas, nossa inteligência limitada, ainda, não entende a natureza desta força superior.

Uma coisa é certa: para ser Deus, tem que ser perfeito e todo bondade.

Portanto, não poderia ter criado um lugar de dores eternas.

Jesus nos ensinou que através da convivência fraterna espera por nós Seu reino de amor.

226

Crescer resulta em mudanças.

"À medida que você cresce, vai encontrando novas situações, algumas bem difíceis, com as quais precisará lidar, na escola, com os amigos, em casa etc.

Durante a sua vida inteira, terá de lidar com situações e problemas diferentes.

Às vezes essas situações envolvem mudanças que são tristes, como quando perdemos alguém que amamos.

Outras vezes, as situações acabam se tornando maravilhosas."[1]

Use tudo que você está aprendendo neste "livrinho" para melhor se conduzir no futuro.

---

[1] Adaptação do material "Amigos do ZIPPY"

ANOTAÇÕES

/crescendocomsabedoria

ANOTAÇÕES

/crescendocomsabedoria

ANOTAÇÕES

_____
_____
_____
_____
_____
_____
_____
_____
_____
_____
_____
_____
_____
_____
_____
_____

👍/crescendocomsabedoria

ANOTAÇÕES

/crescendocomsabedoria

ANOTAÇÕES

/crescendocomsabedoria

ANOTAÇÕES

/crescendocomsabedoria

ANOTAÇÕES

/crescendocomsabedoria

ANOTAÇÕES

/crescendocomsabedoria

ANOTAÇÕES

_____
_____
_____
_____
_____
_____
_____
_____
_____
_____
_____
_____
_____
_____
_____
_____

/crescendocomsabedoria

ANOTAÇÕES

_____
_____
_____
_____
_____
_____
_____
_____
_____
_____
_____
_____
_____
_____
_____
_____

/crescendocomsabedoria

ANOTAÇÕES

/crescendocomsabedoria

ANOTAÇÕES

/crescendocomsabedoria

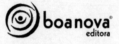

Av. Porto Ferreira, 1031
Parque Iracema
CEP 15809-020
Catanduva-SP

www.**boanova**.net
boanova@boanova.net

📞 17 3531.4444
🟢 17 99777.7413
📷 @boanovaed
f boanovaed
▶ boanovaeditora